Analizando la Enseñanza del Trabajo en el Evangelio de Marcos

La Enseñanza del Trabajo en la Biblia, Volume 23

Sermones Bíblicos

Published by Seminit Publications, 2024.

ANALIZANDO LA ENSEÑANZA DEL TRABAJO EN EL EVANGELIO DE MARCOS

First edition. February 24, 2024.

Copyright © 2024 Sermones Bíblicos.

ISBN: 979-8224782116

Written by Sermones Bíblicos.

Tabla de Contenido

Dedication

Cristo es el gran Maestro del arte de la multiplicación. Por pequeña que sea la provisión con que comencemos, no tenemos más que entregársela toda a Él, y Él la multiplicará y la aumentará hasta sobrepasar nuestras mayores expectativas, y quedará más de lo que había antes de comenzar la fiesta. Trae tus pequeños talentos, trae la poca gracia que tienes, a Cristo, porque él puede aumentar de tal manera tu provisión que nunca te faltará nada, sino que tendrás mayor abundancia cuanto mayor sea la demanda que se haga de esa provisión. Si estas cuatro mil personas no hubieran sido alimentadas milagrosamente por Cristo, los siete panes y los pocos pececillos habrían permanecido tal como estaban; pero ahora que los cuatro mil tienen que ser alimentados, los panes y los peces son multiplicados por Cristo de una manera muy extraordinaria, de modo que, al final, hay mucha más provisión de la que tenían al principio. Espera, amado, ser enriquecido por tus pérdidas, crecer por aquello que parece que te aplastará, y hacerte más grande por aquello que amenaza con aniquilarte. Sólo ponte en las manos de Cristo, y él hará buen uso de ti, y te dejará mejor de lo que eras antes de usarte como medio para ayudar y bendecir a otros.

— **Charles Spurgeon**

Introducción a Marcos

———

El Evangelio de Marcos, igual que los demás Evangelios, se trata del trabajo de Jesús. Su trabajo es enseñar, sanar, mostrar señales del poder de Dios y por encima de todo, morir y regresar a la vida para el beneficio de la humanidad. El trabajo de Cristo es absolutamente único. Sin embargo, también es una parte constante del trabajo de todos los creyentes, que es cooperar con Dios para que el mundo sea restaurado a la forma en la que Él deseó que fuera desde el comienzo. Nuestro trabajo no es el trabajo de Cristo, nuestro trabajo tiene el mismo objetivo que el Suyo. Por tanto, el Evangelio de Marcos no se trata *sobre* nuestro trabajo, sino que le da *esencia* a nuestro trabajo y *define* la meta final del mismo.

Al estudiar Marcos, descubrimos el llamado de Dios a trabajar en servicio de Su reino. Discernimos los ritmos de trabajo, descanso y adoración que Dios desea para nuestra vida. Vemos las oportunidades y los peligros inherentes en ganarse la vida, acumular riqueza, ganar una buena posición, pagar impuestos y trabajar en una sociedad que no necesariamente apunta hacia los propósitos de Dios. Encontramos pescadores, obreros, madres y padres (¡la crianza de los hijos es un tipo de trabajo!), recaudadores de impuestos, personas con discapacidades que afectan su trabajo, líderes, campesinos, abogados, sacerdotes, constructores, filántropos (principalmente mujeres), un hombre muy rico, mercaderes, banqueros, soldados y gobernadores. Reconocemos el mismo rango desconcertante de personalidades que encontramos en la vida y el trabajo actual. Encontramos personas no como individuos aislados, sino como miembros de familias, comunidades y naciones. El trabajo y los trabajadores están en todas partes en el Evangelio de Marcos.

Marcos es el Evangelio más corto. Contiene menos material de las enseñanzas de Jesús que Mateo y Lucas. Por tanto, nuestra tarea debe ser prestarle bastante atención a los detalles en el libro para ver cómo su Evangelio aplica al trabajo fuera de la iglesia. Los principales pasajes relacionados con el trabajo en Marcos se dividen en tres categorías: (1) relatos acerca del llamado mientras Jesús llama a Sus discípulos a trabajar en representación del reino de Dios, (2) las controversias del Sabbath respecto al ciclo de trabajo y descanso y (3) las cuestiones económicas relacionadas con la riqueza y su acumulación y el pago de impuestos. Discutiremos los relatos acerca del llamado en la sección "El reino y el discipulado", las controversias acerca del Sabbath en "Ritmos de trabajo, descanso y adoración" y los episodios que tratan de los impuestos y la riqueza en "Cuestiones económicas". En cada una de estas categorías, Marcos se interesa principalmente en la forma en la que los seguidores de Jesús deben ser transformados a un nivel profundo.

Como con los otros Evangelios, Marcos se presenta en un contexto de turbulencia económica. Durante la época romana, Galilea estaba pasando por una conmoción social y cada vez más tierras se convertían en posesiones de pocos ricos —por lo general, extranjeros— y había un movimiento general que iba de la agricultura de pequeña escala a una agricultura a gran escala basada en el patrimonio. Los que habían sido campesinos arrendatarios alguna vez o incluso dueños de tierras fueron obligados a trabajar por días, con frecuencia como resultado de haber perdido su propiedad por causa de la reposesión de préstamos que tomaron para pagar los impuestos de los romanos. En tal contexto, no es de extrañar que los temas económico y fiscal surjan en la narrativa de Marcos y en la enseñanza de Jesús. Además, el reconocimiento de este contexto social nos permite apreciar temas de trasfondo que de otra forma podríamos haber pasado por alto.

El reino y el discipulado (Marcos 1-4; 6; 8)

El comienzo del Evangelio (Marcos 1:1-13)

Los relatos de la predicación de Juan y el bautismo y la tentación de Jesús no dicen nada acerca de trabajo directamente. Sin embargo, siendo la puerta narrativa al Evangelio, proporcionan el contexto temático básico para todo lo que sigue y no se pueden ignorar mientras llegamos a los pasajes aplicables de forma más evidente a nuestros intereses. Un punto interesante es que el título de Marcos (**Mr 1:1**) describe el libro como el "*Principio* del evangelio de Jesucristo". Desde un punto de vista narrativo, llamar la atención al principio es vistoso, ya que el Evangelio parece no tener un final. Los manuscritos más antiguos indican que el Evangelio termina de repente en **Marcos 16:8**: "Y saliendo ellas, huyeron del sepulcro, porque un gran temblor y espanto se había apoderado de ellas; y no dijeron nada a nadie porque tenían miedo". El texto termina tan abruptamente que los escribas le agregaron el material que ahora se encuentra en **Marcos 16:9–20**, el cual está compuesto de pasajes que se encuentran en otras partes del Nuevo Testamento. Pero tal vez Marcos deseaba que su Evangelio no tuviera un final. Es solo el "principio del evangelio de Jesucristo" y nosotros los que lo leemos somos participantes en el Evangelio que continua. Si esto es así, nuestra vida es una continuación directa de los eventos en Marcos y nuestra expectativa de encontrar aplicaciones concretas para nuestro trabajo está bien fundamentada.

Veremos con mayor detalle que Marcos siempre presenta a los seguidores de Jesús como principiantes que están bastante lejos de la perfección. Esto ocurre incluso con los doce apóstoles. Marcos, más que cualquiera de los demás Evangelios, presenta a los apóstoles como personas poco perspicaces e ignorantes, que le fallan a Jesús repetidamente. En verdad esto es un ánimo para muchos cristianos que tratan de seguir a Cristo en su trabajo pero sienten que son deficientes en dicha labor. Marcos los exhorta a tener valor, ¡porque en esto somos como los mismos apóstoles!

Juan el bautista (**Mr 1:2–11**) se presenta como el mensajero de **Malaquías 3:1** e **Isaías 40:3**. Él anuncia la venida de "el Señor". Junto con la designación de Jesús como "Jesucristo, Hijo de Dios" (**Mr 1:1**), este lenguaje le deja claro al lector que el tema central de Marcos es "el reino de Dios", incluso aunque espera hasta **Marcos 1:15** para usar esa frase y relacionarla con el evangelio ("las buenas nuevas"). "El reino de Dios" no es un concepto geográfico en Marcos. Es el gobierno del Señor al cual se someten las personas y los pueblos por medio de la obra transformadora del Espíritu. Esta obra se resalta por medio de la descripción breve de Marcos del bautismo y la tentación de Jesús (**Mr 1:9–13**), la cual por su brevedad, enfatiza el descenso del Espíritu hacia Jesús y Su rol en conducirlo a (y probablemente a través de) la tentación de Satanás.

Este pasaje abarca dos conceptos opuestos pero populares acerca del reino de Dios. Por una parte, se encuentra la idea de que el reino de Dios no existe todavía y no existirá hasta que Cristo regrese a gobernar la tierra en persona. De acuerdo con este punto de vista, el lugar de trabajo, como el resto de mundo, es territorio enemigo. El deber del cristiano es sobrevivir en el territorio enemigo el tiempo suficiente para evangelizar y ganar el dinero necesario para satisfacer sus necesidades personales y darle dinero a la iglesia. La otra es la idea de que el reino de Dios es un campo interno espiritual, que no tiene nada que ver con el mundo alrededor. Según este punto de vista, lo que el cristiano hace en el trabajo o en cualquier lugar que no sea a la iglesia ni su tiempo de oración individual, no le concierne a Dios en absoluto.

En contra de estas dos ideas, Marcos aclara que la venida de Jesús inaugura el reino de Dios como una realidad presente en la tierra. Jesús dice de forma explícita, "El tiempo se ha cumplido y el reino de Dios se ha acercado; arrepentíos y creed en el evangelio" (**Mr 1:15**). El reino no se ha establecido completamente en el presente, por supuesto, ya que todavía no gobierna la tierra ni lo hará hasta que Cristo regrese. Sin embargo, está aquí ahora y es real.

Por tanto, someterse al reinado de Dios y proclamar Su reino tiene consecuencias reales en el mundo que nos rodea. Puede que nos lleve al desprestigio social, el conflicto y claro, al sufrimiento. **Marcos 1:14**, igual que **Mateo 4:12**, destaca el encarcelamiento de Juan y lo relaciona con el comienzo de la proclamación de Jesús de que "el reino de Dios se ha acercado" (**Mr 1:15**). Por ende, el reino está en contra de los poderes de este mundo y como lectores se nos muestra claramente que hablar del evangelio y honrar a Dios no necesariamente traerá éxito en esta vida. Pero al mismo tiempo, por el poder del Espíritu, los cristianos somos llamados a servir a Dios para el beneficio de los que nos rodean, como lo demuestran las sanaciones que Jesús realiza (**Mr 1:23–34, 40–45**).

La gran relevancia de la venida del Espíritu Santo al mundo se aclara más adelante en el Evangelio por medio de la controversia de Beelzebú (**Mr 3:20–30**). Esta es una sección difícil y debemos ser bastante cuidadosos en la forma en que la abordamos, pero es bastante importante para la teología del reino, que sostiene nuestra teología del trabajo. La lógica del pasaje parece ser que al expulsar demonios, Jesús está liberando al mundo de Satanás, quien es descrito como un hombre fuerte que ahora se encuentra atado. Así como su Señor, los cristianos deben usar el poder del Espíritu para transformar el mundo, no para escapar de él o acomodarse a él.

El llamado de los primeros discípulos (Marcos 1:16-20)

Esta sección debemos tratarla con cuidado: aunque los discípulos son modelos de la vida cristiana, también ocupan una posición única en la historia de la salvación. Su llamado a una clase distintiva de servicio y el abandono de su empleo actual, no establece un patrón universal para la vida y la vocación cristianas. Muchos, de hecho la mayoría, de los que siguen a Jesús, no renuncian a sus trabajos para hacerlo. Sin embargo, la forma en la que las demandas del reino trascienden e invalidan los principios generales de la sociedad, puede aplicarse en nuestro trabajo y enriquecerlo. (Ver **Visión general de la vocación**).

La primera frase de **Marcos 1:16** presenta a Jesús como un itinerante ("mientras caminaba") que llama a estos pescadores a que lo sigan en Su viaje. Esto es más que solo un reto a dejar salarios y estabilidad o, como lo podríamos decir, salir de la "zona de confort". El relato de Marcos de este incidente registra un detalle que falta en los demás relatos, que es el hecho de que Jacobo y Juan dejan a su padre Zebedeo "con los jornaleros" (**Mr 1:20**). Ellos mismos no son jornaleros o personas que trabajan por días, sino que hacían parte de lo que tal vez era un negocio familiar relativamente exitoso. Como señala Suzanne Watts Henderson con respecto a la respuesta de los discípulos, la "acumulación de aspectos particulares destaca el peso completo del verbo [*dejar*]: no solo se dejan atrás unas redes, sino un padre con nombre propio, un bote y de hecho, toda una empresa". Para que estos discípulos siguieran a Jesús, tenían que demostrar que estaban dispuestos a permitir que su identidad, estatus y valor fueran determinados principalmente con respecto a Él.

La pesca era una gran industria en Galilea que tenía una subindustria conexa de salazón (conservar alimentos en sal) de pescado. En un momento de turbulencia social en Galilea, estas dos industrias asociadas se sustentaban una a la otra y permanecían estables. La disposición de los discípulos de abandonar tal estabilidad es bastante excepcional; es claro que la estabilidad económica ya no es su propósito principal del trabajo. Aquí debemos ser cuidadosos. Jesús no rechaza la vocación terrenal de estos hombres sino que la reorienta. Él llama a Simón y a Andrés a ser "pescadores de hombres" (**Mr 1:17**), afirmando de esa manera su trabajo anterior como una imagen del nuevo rol al que los está llamando. Aunque la mayoría de cristianos no son llamados a abandonar sus trabajos y convertirse en predicadores errantes, somos llamados a arraigar nuestra identidad en Cristo. Sea que dejemos o no nuestro trabajo, la identidad de un discípulo ya no es "pescador", "cobrador de impuestos" o cualquier otra cosa, ahora es "seguidor de Jesús". Esto nos reta a resistir la tentación de convertir nuestro trabajo en el elemento que determina quiénes somos.

El hombre paralítico (Marcos 2:1-12)

La historia en la que Jesús sana a un hombre paralítico plantea la pregunta de qué significa teología del trabajo para aquellos que no tienen la capacidad de trabajar. El hombre paralítico, antes de su sanación, es incapaz de tener un trabajo para sustentarse. Como tal, depende de la gracia y compasión de las personas a su alrededor para su supervivencia diaria. A Jesús le impresiona la fe de los amigos de este hombre. Su fe es activa y demuestra cuidado, compasión y amistad con alguien que fue excluido de las recompensas financieras y relacionales del trabajo. En su fe, no existe una separación entre ser y hacer.

Jesús ve su esfuerzo como un acto de fe colectiva. "Viendo Jesús la fe de *ellos*, dijo al paralítico: Hijo, tus pecados te son perdonados" (**Mr 2:5**). Desafortunadamente, la *comunidad* de fe desempeña un papel muy pequeño en la vida laboral de la mayoría de los cristianos en el Occidente moderno. Incluso si recibimos ayuda y ánimo en la iglesia en cuanto a nuestro trabajo, casi es seguro que sean ayuda y apoyo de tipo *individual*. Anteriormente, la mayoría de los cristianos trabajaban con las mismas personas con las que iban a la iglesia, así que las iglesias podían aplicar fácilmente las Escrituras a las ocupaciones compartidas de los obreros, campesinos y dueños de casas. En cambio, no es común que en la actualidad los cristianos occidentales trabajen en los mismos lugares que otras personas de su misma iglesia. Sin embargo, es común que los cristianos actuales tengan el mismo tipo de trabajo que otros en sus comunidades religiosas y por esto, podría existir una oportunidad de compartir sus desafíos y oportunidades laborales con otros creyentes que tienen ocupaciones similares. Sin embargo, esto ocurre pocas veces. A menos que encontremos una forma en la que *grupos* de cristianos puedan apoyarse unos a otros, crecer juntos y desarrollar alguna clase de comunidad cristiana relacionada con el trabajo, estaremos perdiendo la naturaleza comunal de la fe que es tan esencial en **Marcos 2:3–12**.

Entonces, en este breve episodio observamos tres aspectos: (1) El trabajo tiene el propósito de beneficiar tanto a los que pueden sustentarse a sí mismos, como a los que no pueden hacerlo por medio del trabajo; (2) la fe y el trabajo no están separados en ser y hacer, sino que están integrados en acción y potenciados por Dios; y (3) el trabajo hecho en fe clama por una comunidad de fe que le sirva de apoyo.

El llamado de Leví (Marcos 2:13-17)

El llamado de Leví es otro incidente que ocurre mientras Jesús camina (**Mr 2:13-14**). El pasaje enfatiza la naturaleza pública de estos llamados. Jesús llama a Leví mientras le está enseñando a una multitud (**Mr 2:14**) y Leví es visto primero "sentado en la oficina de los tributos". Su ocupación lo convertía en una persona despreciada por muchos de sus contemporáneos galileos. Existe cierto grado de debate sobre la fuerza con la que la tributación romana y herodiana se sintió en Galilea, pero la mayoría piensa que el problema era doloroso. La recaudación real de impuestos la realizaban los cobradores de impuestos privados por contratación. Un recaudador de impuestos pagaba el impuesto de su territorio completo por adelantado y después cobrara los impuestos individuales de la población. Para que esto fuera rentable, les cobraba a los habitantes una cantidad mayor que la tasa de impuestos real y se quedaba con el recargo. De esta manera, las autoridades romanas delegaban el delicado trabajo en términos políticos de la recaudación de impuestos a miembros de la comunidad local, pero eso llevó a una alta tasa efectiva de tributación y abrió las puertas a toda clase de corrupción. Es probable que este fuera uno de los factores que contribuyeron a la pérdida de tierras en Galilea, ya que los dueños de los terrenos pedían préstamos para pagar los impuestos y después, si sus cosechas eran escasas, perdían sus propiedades como garantía. El hecho de que veamos inicialmente a Leví en su oficina de tributos significa que él es, en efecto, un símbolo viviente de la ocupación romana y un recordatorio del hecho de que algunos judíos eran colaboradores de los romanos por voluntad propia. La relación que se establece en **Marcos 2:16** entre los recaudadores de impuestos y "los pecadores" confirma la asociación negativa.

En donde Lucas enfatiza que Leví deja todo para responder al llamado de Jesús (**Lc 5:28**), Marcos simplemente relata que Leví lo sigue. Luego de esto, el recaudador de impuestos prepara un banquete, les abre las puertas de su casa a Jesús y sus discípulos y a un grupo diverso que incluye a otros recaudadores de impuestos y "pecadores". Aunque esta imagen parece la de un hombre que busca compartir el evangelio con sus compañeros de trabajo, es probable que la realidad sea un poco más sutil. La "comunidad" de Leví comprende a sus colegas y otros que, como "pecadores", son rechazados por figuras prominentes en la comunidad. En otras palabras, su trabajo causaba que fueran parte de una subcomunidad que tenía relaciones sociales de alta calidad internamente, pero relaciones de mala calidad con las comunidades circundantes. Esto es real para muchas clases actuales de trabajo. Nuestros compañeros de trabajo pueden estar mucho más dispuestos a escucharnos a nosotros de lo que están nuestros vecinos. Ser un miembro de una comunidad laboral puede ayudarnos a propiciar un encuentro entre nuestros compañeros de trabajo y la realidad del evangelio. Es interesante que la hospitalidad de ofrecer una comida comunal es una parte importante del ministerio de Jesús e indica una forma concreta por la cual se pueden organizar tales encuentros. La hospitalidad de un almuerzo con los compañeros de trabajo, un rato para correr o hacer ejercicio en el gimnasio o compartir una bebida después del trabajo, puede construir relaciones más profundas con nuestros compañeros. Estas amistades tienen un valor duradero en sí mismas y por medio de ellas, el Espíritu Santo puede abrir la puerta a una clase de evangelismo que ocurre dentro de una amistad.

Esto plantea una pregunta. Si los cristianos actuales organizaran una comida con sus compañeros de trabajo, los amigos en su vecindario y los amigos de su iglesia, ¿de qué hablarían? La fe cristiana tiene mucho que decir acerca de cómo ser un buen trabajador y un buen vecino. Pero, ¿los cristianos saben cómo hablar acerca de esos temas en un lenguaje común que sus colegas y vecinos pueden entender? Si el tema de conversación pasa a ser el lugar de trabajo o temas cívicos tales como la búsqueda de trabajo, el servicio al cliente, los impuestos sobre bienes raíces o la zonificación, ¿seríamos capaces de hablar de forma significativa a los no creyentes acerca de la forma en que los conceptos cristianos aplican en tales temas? ¿Nuestras iglesias nos preparan para estas conversaciones? Parece que Leví —o Jesús— fue capaz de hablar de forma pertinente acerca de la forma en la que el mensaje de Jesús era relevante para la vida de las personas que estaban allí reunidas.

(El tema de los impuestos reaparecerá más adelante en el Evangelio, así que esperaremos para presentar algunas de nuestras preguntas acerca de la actitud de Jesús al respecto).

Los doce (Marcos 3:13-19)

Además de los relatos que describen el llamado a discípulos específicos, también encontramos la historia del nombramiento de los apóstoles. Una cuestión importante que se debe tener en cuenta en Marcos–3:13–14, es que los Doce constituyen un grupo especial dentro de una comunidad más amplia de discípulos. El carácter único de su oficio apostólico es importante y su llamado es a una forma de servicio particular, una que puede estar considerablemente lejos de la experiencia que la mayoría de nosotros tendremos. Si vamos a obtener lecciones de la experiencia y los roles de los discípulos, debemos hacerlo reconociendo la forma en que sus acciones y convicciones se relacionan con el reino, no simplemente del hecho de que dejaron sus trabajos para seguir a Jesús.

Aquí son relevantes las diferentes denominaciones que se les dan a Simón, Jacobo, Juan y Judas en **Marcos 3:16–19**. Jesús complementa el nombre de Simón con un nuevo nombre, "Pedro", que es muy similar a la palabra griega para "roca" (*petros*). Es inevitable preguntarse si existe cierta ironía y cierta promesa en ese nombre. Simón, quien demostró ser realmente voluble e inestable, es llamado la "roca" y un día estará a la altura de ese nombre. Así como él, nuestro servicio para Dios en el lugar de trabajo, y en todos los demás aspectos de nuestra vida, no será una cuestión de perfección instantánea, sino de fracaso y crecimiento. Esta es una idea útil en los momentos en que sentimos que hemos fallado y que hemos desprestigiado el reino en el proceso.

Así como se le da un nuevo nombre a Simón, a los hijos de Zebedeo se les llama los "hijos del trueno" (**Mr 3:17**). Es un sobrenombre peculiar y parece gracioso, pero es probable que capte el carácter o la personalidad de estos dos hombres. Es interesante que la inclusión en el reino no elimina la personalidad y los tipos de personalidad que existen. Esto tiene pros y contras. Por un lado, nuestra personalidad sigue siendo parte de nuestra identidad en el reino y sigue canalizando la forma en que representamos el reino en el lugar de trabajo. Esto ayuda a que resistamos la tentación de encontrar nuestra identidad en algún estereotipo, incluso en uno cristiano. Pero al mismo tiempo, nuestra personalidad puede estar caracterizada por elementos que deben ser confrontados por el evangelio. Un indicio de esto lo podemos ver en el título que se les da a los hijos de Zebedeo, ya que parece indicar que tenían un mal temperamento o una tendencia hacia el conflicto y, aunque el sobrenombre se da con afecto, tal vez no sea algo de lo que puedan estar orgullosos.

El asunto de la personalidad contribuye de forma significativa a nuestro entendimiento de la aplicación de la fe cristiana en el trabajo. Es probable que la mayoría de nosotros afirme que nuestras experiencias laborales, tanto buenas como malas, se han visto afectadas en gran parte por la personalidad de los que nos rodean. Con frecuencia, las cualidades del carácter que hacen de alguien un colega inspirador y que infunde vigor, puede que conviertan a esa misma persona en alguien difícil. Un trabajador motivado y entusiasmado puede distraerse con facilidad con nuevos proyectos o puede estar propenso a juzgar (y a expresar sus juicios) rápidamente. Nuestra propia personalidad también desempeña un papel importante. Puede que consideremos que es fácil o difícil trabajar con otras personas con base tanto en su personalidad como en la nuestra. Pero así mismo, otras personas pueden opinar en cuanto a lo fácil o difícil que es trabajar con *nosotros*.

Sin embargo, esto no se trata solamente de llevársela bien con otros. Nuestra personalidad distintiva determina nuestras habilidades, con las cuales contribuimos al trabajo de nuestra organización —y por medio de este, al trabajo del reino de Dios— para bien o para mal. La personalidad nos da tanto fortalezas como debilidades. En cierta manera, seguir a Cristo significa permitir que Él refrene los excesos de nuestra personalidad, así como cuando amonestó a los hijos del trueno por su ambición equivocada de sentarse a Su derecha y a Su izquierda (**Mr 10:35–45**). Al mismo tiempo, es común que los cristianos se equivoquen estableciendo un modelo universal de algunos rasgos particulares de la personalidad. Algunas comunidades cristianas han favorecido aspectos como la extraversión, la suavidad, la renuencia a ejercer el poder, o —más negativamente— la rudeza, intolerancia e ingenuidad. Otros cristianos consideran que los atributos que los destacan en su trabajo —la firmeza, el escepticismo respecto a los dogmas o la ambición, por ejemplo— los hacen sentir culpables o marginados en la iglesia. Tratar de ser algo que no somos, en el sentido de tratar de encajar en un estereotipo de lo que debe ser un cristiano en el trabajo, puede ser bastante complicado y puede hacer que los demás sientan que no somos auténticos. Somos llamados a imitar a Cristo (**Fil 2:5**) y a nuestros líderes (**Heb 13:7**), pero esta es una cuestión de imitar la virtud, no la personalidad. En cualquier caso, Jesús escoge como amigos y trabajadores a individuos con diferentes personalidades. Existen muchas herramientas disponibles para ayudar a las personas y las organizaciones a que usen de una mejor manera la variedad de características de personalidad en la toma de decisiones, la escogencia de la carrera laboral, el desempeño grupal, la resolución de conflictos, el liderazgo, las relaciones en el trabajo y otros factores.

Aunque en cierto nivel esto se debe relacionar con una teología de la riqueza o el patrimonio, por otra parte debe ubicarse en el lugar donde se encuentran las teologías de la iglesia y el trabajo. Siempre es tentador, y de hecho puede que parezca obligatorio, mantener una red de cristianos dentro del entorno laboral y buscar apoyarse unos a otros. Aunque es algo bueno, hay que ser realistas en este punto. Algunos de los que se presentan como seguidores de Jesús pueden tener en realidad corazones extraviados, lo que puede influir en las ideas que defienden. En esos casos, nuestra responsabilidad como cristianos es estar preparados para confrontarnos unos a otros en amor, ayudarnos a rendir cuentas para corroborar que en verdad estamos actuando de acuerdo con los estándares del reino.

El discipulado en proceso (Marcos 4:35-41; 6:45-52; 8:14-21)

El Evangelio de Marcos, más que los demás Evangelios, resalta la ignorancia, la debilidad y el egoísmo de los discípulos, a pesar de que también menciona muchos aspectos positivos acerca de ellos, incluyendo su respuesta al llamado inicial de Jesús (**Mr 1:16–20**) y a la comisión que Él les da (**Mr 6:7–13**).

Esta imagen se desarrolla por medio de ciertos incidentes y estrategias narrativas. Una es la repetición de escenas en barcos (**Mr 4:35–41; 6:45–52; 8:14–21**), que son semejantes en cuanto a que enfatizan la incapacidad de los discípulos de comprender realmente el poder y la autoridad de Jesús. Justo después de la última escena que se da en un barco, encontramos la sanación peculiar de un hombre ciego en dos etapas (**Mr 8:22–26**), lo que puede servir como un tipo de metáfora narrativa para describir la percepción incompleta que los discípulos tenían de Jesús. Después, Pedro hace su confesión acerca de Cristo (**Mr 8:27–33**), un momento dramático de discernimiento que es seguido inmediatamente por una ceguera satánica. La comprensión limitada de los discípulos sobre la identidad de Jesús coincide con su comprensión limitada de Su mensaje. Ellos aún desean poder y estatus (**Mr 9:33–37; 10:13–16; 10:35–45**). Jesús los confronta varias veces porque no reconocen que seguirlo a Él requiere una actitud esencial de sacrificio personal. Esto es más evidente, por supuesto, en el momento en que los discípulos abandonan a Jesús cuando es arrestado y enjuiciado (**Mr 14:50–51**). El relato de la negación triple de Pedro (**Mr 14:66–72**) junto al de la muerte de Jesús, demuestra de forma más clara la cobardía y la valentía de cada uno respectivamente.

Con todo, serán Pedro y los demás quienes guíen a la iglesia. El ángel que le habla a la mujer luego de la resurrección (**Mr 16:6–7**) les da un mensaje a los discípulos (¡y nombra a Pedro específicamente!), por medio de cual les promete un encuentro adicional con Jesús resucitado. Este encuentro cambió radicalmente a los discípulos, un hecho que Marcos no estudia pero que está bien desarrollado en Hechos, así que la resurrección es el suceso clave que logra dicho cambio.

¿Qué relevancia hay en esto para el trabajo? Simple y obviamente, que como discípulos de Jesús en nuestro propio trabajo, somos imperfectos y estamos en proceso. Habrá una gran cantidad de pecados por los que tendremos que arrepentirnos, actitudes que serán equivocadas y tendrán que cambiar. De manera significativa, debemos reconocer que, como los discípulos, puede que estemos equivocados en mucho de lo que creemos y pensamos, incluso acerca de temas del evangelio. Por tanto, debemos reflexionar a diario en oración cómo estamos representando el reino de Dios y prepararnos para mostrar arrepentimiento por nuestras deficiencias en esta labor. Nos podemos sentir tentados a demostrar en nuestro lugar de trabajo que somos rectos, sabios y habilidosos, como un testimonio de la rectitud, sabiduría y excelencia de Jesús. Sin embargo, un testimonio más honesto y poderoso sería mostrarnos a nosotros mismos como somos en realidad —imperfectos y obras en proceso un poco egocéntricas, evidencias de la misericordia de Dios más que manifestaciones de Su carácter. Entonces, nuestro testimonio consiste en invitar a nuestros compañeros de trabajo a crecer junto con nosotros en los caminos de Dios, no que se vuelvan como nosotros. Por supuesto, debemos ejercitarnos de forma rigurosa para crecer en Cristo. La misericordia de Dios no es una excusa para ser complacientes con nuestro pecado.

Ritmos de trabajo, descanso y adoración (Marcos 1-4; 6; 13)

Los primero días del movimiento (Marcos 1:21-45)

———

Durante el Sabbath, el día de reposo, ocurre una serie considerable de sucesos (**Mr 1:21–34**), algunos de los cuales acontecen en la sinagoga (**Mr 1:21–28**). Es importante notar que la rutina semanal de trabajo, descanso y adoración está integrada en la vida de Jesús y que Él no la ignora ni la desecha. En nuestra época, en donde dicha práctica se ha visto bastante reducida, es importante recordar que Jesús ratificó este ritmo semanal. Por supuesto, también es importante notar que Jesús hizo Su trabajo de hablar la verdad y sanar ese día, lo cual le causaría conflictos con los fariseos más adelante. Esto también resalta que el Sabbath no es solo un día de descanso del trabajo, sino un día de amor y misericordia activos.

Así como hay un ritmo semanal, también hay un ritmo diario. Luego del Sabbath, Jesús se levantó a orar mientras "todavía estaba oscuro" (**Mr 1:35**). Su primera prioridad del día es relacionarse con Dios. El énfasis en la soledad de Jesús durante Su tiempo de oración es importante, ya que resalta que esta oración no es un espectáculo público, sino un tema de comunión personal.

La oración diaria parece ser una práctica extremadamente difícil para muchos trabajadores cristianos. Entre las responsabilidades familiares de la mañana, el largo recorrido al trabajo, las primeras horas laborales, el deseo de avanzar en las responsabilidades del día y las altas horas de la noche que son necesarias para cumplir el trabajo de la jornada (o para el entretenimiento), parece casi imposible establecer una rutina consistente de oración en la mañana. Y más tarde en el día es todavía más difícil. Marcos no juzga a quienes no oran o no pueden orar a diario por el trabajo que deben hacer, pero sí muestra a Jesús —más ocupado que cualquiera de los que lo rodeaban— orando por el trabajo y las personas que Dios ponía en Su camino cada día. En medio de las presiones de la vida laboral, la oración diaria puede parecer un lujo personal que no nos podemos dar. Sin embargo, Jesús no concebía la idea de ir a trabajar sin orar, así como muchos de nosotros no nos imaginamos ir al trabajo sin zapatos.

Apartar un tiempo fijo para la oración es bueno, pero no es la única forma de orar. También podemos orar durante el día laboral. Una práctica útil para muchos es orar brevemente en diferentes momentos a lo largo del día. "Los devocionales diarios para individuos y familias", que se encuentran en el Libro de Oración Común, proporcionan estructuras breves de oraciones para la mañana, el mediodía, la tarde y la noche, teniendo en cuenta los ritmos de la vida y el trabajo durante la jornada. Algunos ejemplos más breves incluyen oraciones de una o dos frases para pasar de una tarea a otra, orar con los ojos abiertos, dar gracias en silencio o en voz alta antes de las comidas, mantener un objeto o un versículo de la Escritura en un bolsillo como recordatorio para orar y muchos otros.

El Señor del Sabbath (Marcos 2:23-3:6)

Como ya mencionamos en nuestro análisis sobre **Marcos 1:21–34**, el Sabbath está integrado en el ritmo semanal de la vida de Jesús. El conflicto que se da entre Él y los fariseos no se trata de si se debe guardar el Sabbath o no, sino *cómo* hacerlo. Para los fariseos, el Sabbath estaba definido principalmente en términos negativos y por tanto, la cuestión era, ¿qué es lo que prohíbe el mandamiento de no trabajar (**Éx 20:8–11; Dt 5:12–15**)? Para ellos, hasta el acto casual de los discípulos de recoger grano constituye un tipo de trabajo y por eso, ignora la prohibición. Es interesante que describen esta acción como algo que "no es lícito" (**Mr 2:24**), a pesar de que en la Torá no se encuentra una aplicación tan específica como esta del cuarto mandamiento. Consideran que su interpretación de la ley es fiable y vinculante y no conciben que puedan estar equivocados. El acto de Jesús de sanar (**Mr 3:1–6**) es aún más cuestionable para ellos y es el factor clave que lleva a los fariseos a organizar el complot en contra de Él.

A diferencia de los fariseos, Jesús ve el Sabbath de forma positiva. El día de libertad del trabajo es un regalo por el bien de la humanidad: "El día de reposo se hizo para el hombre, y no el hombre para el día de reposo" (**Mr 2:27**). Además, el Sabbath ofrece oportunidades para poner en práctica la compasión y el amor. Tal perspectiva del día de reposo tiene un profundo antecedente profético. Isaías 58 relaciona el Sabbath con la compasión y la justicia social en el servicio a Dios, culminando con una descripción de la bendición de Dios para aquellos que llaman "al día de reposo delicia" (**Is 58:13–14**). La yuxtaposición de la compasión, la justicia y el Sabbath indica que el Sabbath se usa más plenamente como un día de adoración cuando se acompaña de expresiones de compasión y justicia. Después de todo, el Sabbath mismo es una rememoración de la justicia y la compasión de Dios al liberar a Israel de la esclavitud en Egipto (**Dt 5:15**).

El primer relato acerca del Sabbath (**Mr 2:23–28**) se desencadena por la acción de los discípulos de arrancar espigas. Aunque Mateo agrega que tenían hambre y Lucas menciona que restriegan las espigas entre las manos antes de comerlas, Marcos describe la acción simplemente como arrancar espigas, lo que transmite su carácter casual. Es probable que los discípulos estuvieran distraídos al arrancar y frotar las espigas. La defensa de Jesús cuando los fariseos lo cuestionan parece un poco extraña al comienzo, ya que es una historia acerca del templo, no del Sabbath.

"¿Nunca habéis leído lo que David hizo cuando tuvo necesidad y sintió hambre, él y sus compañeros, cómo entró en la casa de Dios en tiempos de Abiatar, el sumo sacerdote, y comió los panes consagrados que no es lícito a nadie comer, sino a los sacerdotes, y dio también a los que estaban con él?" (**Mr 2:25–26**)

Los eruditos tienen opiniones divididas en cuanto a cómo —o incluso si— funciona el argumento de Jesús según los principios de la exégesis y argumentación judía. La clave es reconocer el concepto de "santidad". Tanto el Sabbath como el templo (y lo que contiene) se describen como "santos" en la Escritura. El Sabbath es un tiempo sagrado, el templo es un espacio sagrado, pero las lecciones que se pueden determinar a partir de la santidad de uno se pueden transferir al otro.

La idea que Jesús quiere transmitir es que la santidad del templo no imposibilita su participación en actos de compasión y justicia. Los espacios sagrados de la tierra no son albergues de santidad *en contra* del mundo, sino lugares de la presencia de Dios *a favor* del mundo, para Su sustento y restauración de mundo. Un lugar apartado para Dios es en esencia un lugar de justicia y compasión. "El día de reposo [y por consiguiente, el templo] se hizo para el hombre, y no el hombre para el día de reposo" (**Mr 2:27**). La versión de Mateo de este relato incluye el detalle, "Misericordia quiero y no sacrificio", citado de **Oseas 6:6** (**Mt 12:7**). Esto hace explícita esta cuestión, la cual vemos con menos énfasis en Marcos.

La misma idea emerge en la segunda controversia causada por el Sabbath, cuando Jesús sana a un hombre en una sinagoga en este día (**Mr 3:1–6**). La pregunta clave que Jesús hace es, "¿Es lícito en el día de reposo hacer bien o hacer mal, salvar una vida o matar?" El silencio de los fariseos al escuchar esta pregunta es una confirmación de que el Sabbath se honra haciendo el bien, al salvar una vida.

¿Cómo aplica esto en nuestro trabajo en la actualidad? El principio del Sabbath es que debemos consagrar una porción de nuestro tiempo y mantenerlo libre de las demandas del trabajo, permitiendo que tenga un carácter particular de adoración. Esto no quiere decir que el Sabbath es el único tiempo de adoración ni que el trabajo no pueda ser una forma de adoración en sí mismo. Sin embargo, el principio del Sabbath nos da tiempo para concentrarnos en Dios de una manera diferente a lo que permite la semana de trabajo, y para disfrutar Su bendición de una forma distinta. También, es importante que nos da espacio para permitir que nuestra adoración a Dios se manifieste por medio de la compasión, el cuidado y el amor por los demás. Nuestra adoración en el Sabbath condimenta nuestro trabajo durante la semana.

Al reconocer que no existe una sola perspectiva cristiana acerca del Sabbath, la Teología del Trabajo explora un punto de vista algo diferente en la sección **"El Sabbath y el trabajo"** en el capítulo **"Lucas y el trabajo"**.

Jesús el constructor (Marcos 6:1-6)

Un incidente en el pueblo natal de Jesús proporciona una idea inusual acerca de Su trabajo antes de convertirse en predicador itinerante. El contexto es que en el pueblo natal de Jesús, Sus amigos y conocidos no pueden creer que este chico de pueblo se haya convertido en un gran maestro y profeta. En medio de sus quejas dicen, "¿cuál es esta sabiduría que le ha sido dada, y estos milagros que hace con Sus manos? ¿No es éste el carpintero, el hijo de María, y hermano de Jacobo, José, Judas y Simón? ¿No están Sus hermanas aquí con nosotros? (**Mr 6:2–3**). Este es el único pasaje de la Biblia que indica directamente cuál era el oficio de Jesús. (En **Mateo 13:55**, Jesús es llamado "el hijo del carpintero" y Lucas y Juan no mencionan Su profesión). La palabra griega (*tekton*) se refiere a un constructor o artesano en cualquier clase de material, lo que en Palestina sería por lo general en piedra o ladrillo. La traducción a *"carpenter"* ("carpintero") en el caso del inglés, puede reflejar que en Londres, la madera era el material de construcción más común en la época en que se realizaron las primeras traducciones.

De cualquier manera, varias de las parábolas de Jesús se presentan en lugares de construcción. ¿Cuánto de la experiencia personal de Jesús puede verse reflejada en estas parábolas? ¿Él ayudó a construir una cerca, trabajó con una prensa de vino o construyó una torre en una viña y fue testigo de las relaciones defectuosas entre el dueño del terreno y los arrendatarios (**Mr 12:1–12**)? ¿Alguno de Sus clientes se habrá quedado sin dinero cuando construía una torre y quedó endeudado con Jesús (**Lc 14:28–30**)? ¿Recordó las enseñanzas de José sobre cavar los cimientos hasta la roca sólida para que el edificio pudiera soportar el viento y las inundaciones (**Mt 7:24–27**)? ¿Alguna vez habrá contratado asistentes y tuvo que enfrentar malos comentarios acerca del sueldo (**Mt 20:1–16**) y la jerarquía (**Mr 9:33–37**)? ¿Alguna vez lo habrá sorprendido un mayordomo pidiéndole que se uniera a una conspiración para estafar al dueño (**Lc 16:1–16**)? En pocas palabras, ¿qué porcentaje de la sabiduría de las parábolas de Jesús se desarrolló a través de Su experiencia como trabajador en la economía del primer siglo? Al menos, recordar la experiencia de Jesús como constructor nos puede ayudar a ver las parábolas bajo una luz más real.

Las parábolas en el trabajo (Marcos 4:26-29 y 13:32-37)

Marcos contiene solo dos parábolas que no se encuentran en los demás Evangelios. Ambas son breves y tratan acerca del trabajo.

La primera de estas parábolas, en **Marcos 4:26–29**, compara el reino de Dios con una semilla que brota y crece. Tiene similitudes con la famosa parábola de la semilla de mostaza, que sigue inmediatamente después, y a la parábola del sembrador (**Mr 4:1–8**). Aunque la parábola ocurre en un lugar de trabajo agrícola, el rol del campesino se minimiza deliberadamente. La semilla crece y "él no lo sabe" (**Mr 4:27**). En cambio, el énfasis se encuentra en la forma en que el inexplicable poder de Dios produce el crecimiento del reino. Sin embargo, el campesino "se levanta, de noche y de día" para cultivar el campo (**Mr 4:26**) y mete la hoz (**Mr 4:29**) para recoger la cosecha. El milagro de Dios se les concede a aquellos que hacen el trabajo que se les encarga.

La segunda parábola que solo se encuentra en este libro está en **Marcos 13:32–37** e ilustra la necesidad de que los discípulos de Jesús esperen Su segunda venida. Curiosamente, Jesús dice, "Es como un hombre que se fue de viaje, y al salir de su casa dejó a sus siervos encargados, asignándole a cada uno su tarea, y ordenó al portero que estuviera alerta" (**Mr 13:34**). Mientras que está lejos, todos los siervos deben seguir haciendo el trabajo que les asignó. El reino no es como un amo que se va a un país lejano y promete llamar eventualmente a sus siervos para que vayan a donde él está. No, el Amo regresará y les da a sus siervos el trabajo de hacer crecer y mantener la casa para Su futuro regreso.

Ambas parábolas dan por sentado que los discípulos de Jesús son trabajadores diligentes, sea cual sea su ocupación. No discutiremos las otras parábolas aquí, sino que nos referiremos a las exploraciones exhaustivas en **"Mateo y el trabajo"** y **"Lucas y el trabajo"**.

Cuestiones económicas (Marcos 10-12)

El joven rico y las posturas frente a la riqueza y el estatus (Marcos 10:17-31)

La riqueza (Marcos 10:17–22)

Uno de los pocos pasajes en Marcos que habla directamente de la actividad económica es el que relata el encuentro de Jesús con un hombre rico que le pregunta "¿qué haré para heredar la vida eterna?" En respuesta, Jesús enumera los seis mandamientos con mayor orientación social del Decálogo (**Mr 10:18**). Es interesante que incluye el mandamiento "no codiciarás" (**Éx 20:17**; **Dt 5:21**) con un giro comercial indiscutible, como "no defraudes". El hombre rico responde, "todo esto lo he guardado desde mi juventud" (**Mr 10:20**). Pero Jesús declara que lo único que le falta son tesoros en el cielo, que se obtienen sacrificando la riqueza terrenal y siguiendo al Predicador errante de Galilea. Esto presenta un obstáculo que el hombre rico no puede superar. Parece que ama demasiado las comodidades y la seguridad que le dan sus posesiones. **Marcos 10:22** enfatiza la dimensión afectiva de la situación: "Pero él, afligido por estas palabras, se fue triste". La enseñanza de Jesús le produce aflicción emocional al joven rico, lo que indica su receptividad a esta verdad, pero su incapacidad de obedecer. Su apego emocional a la riqueza y el estatus anula su disposición para acatar las palabras de Jesús.

Para aplicar esto al trabajo en la actualidad se requiere una sensibilidad y honestidad reales respecto a nuestros propios instintos y valores. A veces, la riqueza es un *resultado del trabajo* —el nuestro o el de alguien más—, pero el *trabajo mismo* también puede ser un obstáculo emocional para seguir a Jesús. Si tenemos una posición privilegiada —como la del hombre rico— puede que dirigir nuestra carrera se vuelva más importante que servir a otros, hacer un buen trabajo o incluso dedicarle tiempo a la familia, a la vida civil y a la vida espiritual. Puede impedir que estemos dispuestos en caso de que Dios nos dé un llamado inesperado. Nuestra riqueza y posición nos pueden volver arrogantes o insensibles con las personas que nos rodean. Claramente, las personas que tienen riqueza y privilegios no son las únicas que tienen este tipo de dificultades. Sí, el encuentro de Jesús con el hombre rico destaca que es difícil sentirse motivado a cambiar el mundo cuando ya se cuenta con una posición de ventaja. Sin embargo, antes de que los que tenemos un estatus y recursos moderados en el mundo occidental nos libremos de la responsabilidad, preguntémonos si, según los estándares de mundo, también nos hemos vuelto complacientes debido a nuestra riqueza y estatus (relativos).

Antes de concluir el análisis de este episodio, queda un aspecto crucial. "Jesús, mirándolo, lo amó" (**Mr 10:21**). El propósito de Jesús no es avergonzar o atemorizar al joven, sino amarlo. Le pide que deje sus posesiones primero que todo por *su* beneficio, diciendo, "tendrás tesoro en el cielo; y ven, sígueme". Somos *nosotros* los que sufrimos cuando permitimos que la riqueza o el trabajo nos aíslen de otras personas y destruyan nuestra relación con Dios. La solución no es intentar con más fuerza ser buenos, sino aceptar el amor de Dios, es decir, seguir a Cristo. Al hacerlo, aprendemos que podemos confiar en que Dios nos dará lo que en realidad necesitamos en la vida y que no es necesario aferrarnos a nuestras posesiones y posiciones para tener seguridad. (Esta parábola se discute de forma más profunda en "**Lucas 18:18–30**" en "**Lucas y el trabajo**").

El estatus (Marcos 10:13–16, 22)

Un aspecto distintivo de la forma en que Marcos presenta esta historia es que la ubica justo al lado del relato de los niños que le llevan a Jesús y la declaración posterior de que debemos recibir el reino como lo hacen los niños (**Mr 10:13–16**). Lo que relaciona los dos pasajes tal vez no es la cuestión de encontrar seguridad o depender de recursos financieros en vez de en Dios. En cambio, el aspecto crucial es el tema del estatus. En la sociedad mediterránea antigua, los niños no tenían un estatus o al menos, tenían una baja condición social ya que no poseían ninguna de las propiedades por las cuales se determinaba el estatus. Esencialmente, no poseían nada. El joven rico, en cambio, tenía bastantes símbolos de estatus (**Mr 10:22**) y poseía muchos bienes. (En el relato de Lucas, se le llama "dirigente" de forma explícita, **Lucas 18:18** NVI). El joven rico puede perderse la entrada al reino de Dios tanto por su esclavitud al estatus social como por su esclavitud a la riqueza misma.

En los lugares de trabajo actuales, no necesariamente el estatus y las riquezas van de la mano, pero para aquellos que aumentan su riqueza y su estatus social por medio del trabajo, esta es una advertencia doble. Aunque logremos usar la riqueza de forma piadosa, puede ser mucho más difícil escapar de la trampa de la esclavitud al estatus. En años recientes, varios personajes millonarios recibieron bastante publicidad debido a que se comprometieron a donar al menos la mitad de su riqueza. Su generosidad es asombrosa y de ninguna manera deseamos criticar a los donantes. Solo nos podemos preguntar, ya que el valor de dar es tan reconocido, ¿por qué no dar mucho más de la mitad? Quinientos millones de dólares sigue siendo una suma que excede por mucho la cantidad necesaria para vivir cómodamente. ¿Es posible que el estatus que se conserva al seguir siendo millonario (o al menos un poco menos millonario) sea un impedimento para dedicar toda su fortuna a los propósitos que son claramente importantes para un donante? ¿Esto es diferente para los trabajadores que tienen recursos moderados? ¿Valorar el estatus evita que le dediquemos más de nuestro tiempo, talento y tesoro a lo que reconocemos que es verdaderamente importante?

La misma pregunta se le podría hacer a quienes tienen un estatus que no está relacionado con la riqueza. Los académicos, políticos, pastores, artistas y muchos más pueden tener un estatus privilegiado gracias a su trabajo, sin necesidad de ganar una gran cantidad de dinero. El estatus puede ser un resultado del trabajo, por ejemplo, en una universidad en particular o por ser aclamado por un círculo en especial. ¿El estatus se puede convertir en una forma de esclavitud que no nos permite arriesgar nuestra posición tomando una postura impopular o tomar otro trabajo más fructífero en otro lugar?

¿Qué tan doloroso puede ser poner nuestro estatus del trabajo en riesgo —incluso un poco— con el fin de servir a otra persona, atenuar una injusticia, mantener la integridad moral o vernos a nosotros mismos con los ojos de Dios? Jesús tenía todo este estatus y mucho más y tal vez es por eso que trabajó tan duro para dejarlo a un lado, por medio de la oración diaria a Su Padre y estando en compañía de personas de dudosa reputación constantemente.

La gracia de Dios (Marcos 10:23-31)

Las palabras posteriores de Jesús (**Mr 10:23–25**) explican mejor la importancia del encuentro, ya que resaltan la dificultad que enfrentan los ricos para entrar al reino. La reacción del joven ilustra el apego que las personas adineradas tienen por su riqueza y el estatus que la acompaña. Es significativo que los discípulos mismos quedan "perplejos" con las declaraciones de Jesús acerca de los ricos. Tal vez vale la pena mencionar que cuando Él repite Su afirmación en **Marcos 10:24**, se dirige a los discípulos como "hijos", declarando que no tienen la carga del estatus y, debido a que lo siguen, no sufren por la carga de las riquezas.

Es probable que la analogía de Jesús del camello y el ojo de la aguja (**Mr 10:25**) no tenga nada que ver con una puerta pequeña en Jerusalén. En vez de eso, pudo ser un juego de palabras en griego con los términos camello (*kamelos*) y cuerda pesada (*kamilos*). La imagen deliberadamente absurda simplemente enfatiza la imposibilidad de que el rico sea salvo sin la ayuda divina. Esto también aplica para los pobres, porque de otra manera, "¿quién podrá salvarse?" (**Mr 10:26**). La promesa de la ayuda divina se explica con detalle en **Marcos 10:27**: "Para los hombres es imposible, pero no para Dios, porque todas las cosas son posibles para Dios". Dicha perspectiva evita que el pasaje (y nuestra apreciación como lectores) se convierta en un simple menosprecio hacia los ricos.

Esto hace que Pedro defienda las actitudes y la historia de abnegación de los discípulos. Ellos han dejado "todo atrás" para seguir a Jesús, quien afirma con Su respuesta la recompensa que les espera a todos los que hacen tales sacrificios. Cabe repetir que potencialmente, las cosas que estas personas dejaron ("casas, y hermanos, y hermanas, y madres, e hijos, y tierras) tienen connotaciones de estatus y no solamente abundancia material. De hecho, **Marcos 10:31** estructura todo el relato con un énfasis contundente en el estatus: "muchos primeros serán últimos, y los últimos, primeros". Hasta este punto, la historia podría reflejar o un amor por los mismos bienes o por el estatus que proporcionan. Sin embargo, esta última afirmación enfatiza firmemente el tema del estatus. Poco después, Jesús lo declara en términos explícitos de trabajo: "cualquiera de vosotros que desee ser el primero será siervo de todos" (**Mr 10:44**). Después de todo, un siervo es solo un trabajador sin estatus, ya que ni siquiera es dueño de su propia habilidad para trabajar. El estatus correcto de los seguidores de Jesús es el de un niño o un siervo: ninguno en absoluto. Incluso si tenemos posiciones privilegiadas o autoridad, debemos verlas como propiedad de Dios, no de nosotros mismos. Simplemente somos siervos de Dios, lo representamos pero no tenemos el estatus que le pertenece solo a Él.

El incidente del templo (Marcos 11:15-18)

Existe un trasfondo mercantil en la historia en la que Jesús expulsa a los vendedores y los cambistas del templo. Hay un debate acerca de la relevancia de esta acción, tanto en términos de los relatos individuales del Evangelio como en términos de la tradición del Jesús histórico. Ciertamente, Jesús expulsa de forma agresiva a aquellos que participan en actividades comerciales en el templo, ya fuera vendiendo animales puros y aves para el sacrificio o cambiando la moneda apropiada para las ofrendas del templo. Se ha sugerido que esta fue una protesta por las tasas excesivas que se les cobraba a quienes participaban en dichas actividades, y por tanto, el abuso de los pobres cuando venían a presentar ofrendas. Como alternativa, se ha visto como un rechazo del impuesto del templo de medio ciclo. Finalmente, se ha interpretado como una señal profética en la que se perturban los procesos del templo como un pronóstico de Su destrucción futura.

Si suponemos que el templo equivale a la iglesia en el entorno actual, este hecho se encuentra por fuera de nuestro alcance, que es el trabajo que no se relaciona con la iglesia. Sin embargo, podemos señalar que el incidente sí dirige la atención a aquellos que intentan usar la iglesia para asegurarse ventajas laborales. Unirse a una iglesia o usarla para ganar una posición de negocios favorable es tanto perjudicial para la comunidad en términos comerciales, como nocivo para el individuo en el ámbito espiritual. De ninguna manera queremos decir que las iglesias y sus miembros deben dejar de ayudarse unos a otros para convertirse en mejores trabajadores, pero, cuando la iglesia se convierte en una herramienta comercial, se estropea su integridad y se nubla su testimonio.

Los impuestos y el César (Marcos 12:13-17)

La cuestión de los impuestos ya surgió de forma indirecta en la discusión sobre la historia del llamado de Leví (**Mr 2:13–17**, ver anteriormente). Esta sección trata el tema de una forma un poco más directa, aunque el significado del pasaje sigue siendo debatible en términos de su lógica. Es interesante que todo el suceso que se describe aquí representa esencialmente una trampa. Si Jesús apoya los impuestos romanos, ofenderá a Sus seguidores y si se opone, enfrentará cargos de traición. Ya que el incidente consta de circunstancias tan particulares, debemos tener cuidado al aplicar el pasaje en situaciones contemporáneas diferentes.

La respuesta de Jesús a esta trampa gira en torno de los conceptos de la imagen y la propiedad. Él examina la moneda común del denario (esencialmente el salario de un día) y pregunta de quién es la "imagen" (o incluso el "ícono") que aparece en esta. Es probable que la razón por la que hace esta pregunta sea referirse de forma deliberada a **Génesis 1:26–27** (los seres humanos creados a la imagen de Dios) con el fin de presentar un contraste. Las monedas tienen la imagen del emperador, pero los humanos tienen la imagen de Dios. Se trata de darle al emperador lo que es suyo (el dinero) y darle a Dios lo que le corresponde (nuestra misma vida). El elemento fundamental, que los humanos tienen la *imago Dei*, no está explícito, pero con seguridad se implica en el paralelismo formado en la lógica del argumento.

Con dicha argumentación, Jesús subordina el tema de los impuestos a la demanda mayor de Dios por nuestras vidas, pero con esto no niega la validez del pago de impuestos, ni siquiera la del sistema romano que es posible que fuera abusivo. Además, tampoco niega que el dinero le pertenece a Dios. Si el dinero le pertenece al César, le pertenece aún más a Dios, porque el César mismo está bajo la autoridad del Señor (**Ro 13:1–17; 1P 2:13–14**). Este pasaje no justifica la falacia recurrente de que los negocios son negocios y la religión es religión. Como hemos visto, Dios no reconoce una división entre lo sagrado y lo secular. Usted no puede pretender seguir a Cristo actuando como si a Él no le interesara en absoluto su trabajo. Jesús no promulga una licencia para hacer lo que le apetezca en el trabajo, sino que proclama paz en las cosas que usted no puede controlar. A usted le es posible controlar si defrauda a otros en el trabajo (**Mr 10:18**), así que no lo haga. No puede controlar si tiene que pagar impuestos (**Mr 12:17**), así que páguelos. En este pasaje, Jesús no dice cuál sería su obligación si pudiera controlar (o ejercer una influencia) los impuestos, por ejemplo, si fuera un senador romano o un votante en una democracia del siglo veintiuno.

(Este incidente se discute con mayor profundidad en **"Lucas 20:20–26"** en **"Lucas y el trabajo"**).

Nuestro trabajo cumple el gran mandamiento (Marcos 12:28-34)

Viendo la gran habilidad de Jesús para interpretar la Escritura, un escriba le hace una pregunta que ya había formado contienda entre los líderes judíos. "¿Cuál mandamiento es el más importante de todos?" Jesús responde con dos mandamientos unidos que eran bien conocidos por las personas que lo escuchaban. El primero es una declaración al pueblo judío tomada de **Deuteronomio 6:5** "Amarás al Señor tu Dios con todo tu corazón, con toda tu alma y con toda tu fuerza". Y luego, sin pausar, Jesús agrega, "el segundo es este", y cita **Levítico 19:18** "amarás a tu prójimo como a ti mismo". (Ver **"Amar al prójimo como a uno mismo"** (Levítico 19:17–18)). Si usted ama a Dios, amará a su prójimo. Para más información acerca de la relación entre estos dos mandamientos, ver **"El gran mandamiento tiene un gran alcance"** (Mateo 22:34–40) y **"El trabajo del buen samaritano – Amar a su prójimo como a usted mismo"** (Lucas 10:25–37).

La respuesta sabia de Jesús nos muestra las prioridades de Dios. Si hay dos tareas en las que Dios desea que nos concentremos más, es en amar a Dios y amar a las personas que nos rodean. Vale la pena mencionar que al decir, "como usted mismo", Jesús también espera que nos amemos a nosotros mismos.

Afortunadamente, el trabajo puede ser una de las formas principales en las que respondemos al Gran Mandamiento. Aun así, muchas personas no reconocen que su trabajo puede ser un medio para amar a otros. Muchos trabajos les dan a los cristianos la oportunidad de suplir las necesidades básicas de otra persona. Por ejemplo, veamos el caso de la atención médica. El doctor que escribe una receta médica, el farmacéutico que reúne los medicamentos y la persona que surte los estantes en la farmacia desempeñan un rol en la prestación de los servicios de salud necesarios para su prójimo. Yendo más allá en la cadena de abastecimiento, vemos el trabajo invaluable de los científicos que prueban la efectividad de las intervenciones médicas, los trabajadores de construcción que se encargan del mantenimiento de los caminos por los que viajan los medicamentos y los trabajadores sociales que procesan las solicitudes del seguro médico; todos aman a su prójimo al satisfacer sus necesidades humanas básicas.

Pero las necesidades de los seres humanos no se limitan únicamente a la atención en salud. Las personas también necesitan alimento, refugio, risas y participación en algo más grande que ellos mismos. Así que los campesinos y los trabajadores de restaurantes, los constructores de casas y aseguradores, los comediantes y los niños y los filósofos y pastores tienen una forma de amar a otros por medio de su trabajo diario, simplemente haciendo bien su trabajo. Cada vez que usted cruza una calle depende del amor que le demuestran los mecánicos que trabajaron en los frenos de cada automóvil que se dirige a la intersección.

Por medio del trabajo suplimos nuestras necesidades financieras y las de nuestra familia. Ya que Dios le manda a cada persona que se ame a sí misma, esta es otra forma en la que el trabajo cumple el Gran Mandamiento.

Por último, nos podemos preguntar cómo amamos a Dios por medio del trabajo. Una manera de hacerlo es amando a Dios conscientemente mientras trabajamos, una forma que se ha vuelto famosa gracias a sabios como el Hermano Lorenzo. Pero si la conciencia permanente no es nuestro don particular, podemos amar a Dios haciendo algo que Él desea que se haga. La historia más amplia de la redención que ofrece Jesús nos da una imagen de lo que Dios quiere que se haga en el mercado. Muchas industrias o lugares de trabajo tienen problemas que necesitan redención. Un trabajador cristiano puede hacer algo que Dios desea al ser un ejemplo de perdón, compasión e integridad.

Sea cual sea la forma en la que trabajamos, es importante recordar el orden de las dos partes del gran mandamiento. Amar a Dios es primero y amar al prójimo está en el segundo lugar. Como señala Dorothy Sayers, "El segundo mandamiento depende del primero, y sin el primero, se convierte en un espejismo y una trampa... Si ponemos primero a nuestro prójimo, estamos poniendo al ser humano por encima de Dios y eso es lo que hemos hecho desde que comenzamos a adorar a la humanidad y a hacer del hombre la medida de todas las cosas... De hecho, existe una paradoja respecto al trabajo para servir a la comunidad y es esta: apuntar directamente al servicio de la comunidad es falsificar el trabajo. La única forma de servir a la comunidad es olvidar a la comunidad y ocuparse del trabajo".

En la práctica, esto significa que amamos a nuestro prójimo haciendo un verdadero trabajo, es decir, un trabajo como Dios desea que se haga. Tal vez esta forma no sea la preferida de nuestro prójimo —el comprador, el cliente, el compañero de trabajo, el proveedor, etc. Por ejemplo, es posible que nuestros compañeros de trabajo quieran que les sirvamos haciendo su trabajo, pero Dios querría que les sirviéramos ayudándoles a hacerlo ellos mismos. Un cliente puede querer que le vendamos un producto con el precio más bajo, mientras que Dios desearía que eduquemos al cliente acerca del porqué un artículo más costoso es mejor para él, para el medioambiente o la comunidad. La primera mitad del Gran Mandamiento planta nuestros pies en la tierra sólida de los propósitos de Dios. Debemos trabajar para otros como siervos de Dios, no como personas que solo quieren agradar a los demás.

Luego de escuchar la respuesta de Jesús a su pregunta, el escriba concluye que Jesús tiene las prioridades correctas. Amar a Dios y amar a las personas son en realidad más importantes que los mandamientos específicos que demanda la ley judía. Jesús le responde al escriba, "no estás lejos del reino de Dios". De forma similar, cuando nuestras acciones se encuentran al nivel del estándar del Gran Mandamiento, cuando amamos a Dios completamente y nos interesamos por los demás con la misma intensidad con la que nos interesamos por nosotros mismos, traemos el reino de Dios a nuestro lugar de trabajo.

La cruz y la resurrección (Marcos 14:32-16:8)

Los temas del estatus y la gracia regresan al primer plano cuando Jesús enfrenta Su juicio y crucifixión. "Ni aun el Hijo del Hombre vino para ser servido, sino para servir, y para dar Su vida en rescate por muchos" (**Mr 10:45**). Incluso para Él, el camino del servicio requiere la renuncia a cualquier estatus:

"El Hijo del Hombre será entregado a los principales sacerdotes y a los escribas, y le condenarán a muerte y le entregarán a los gentiles. Y se burlarán de Él y le escupirán, le azotarán y le matarán, y tres días después resucitará". (**Mr 10:33–34**)

El pueblo proclama —correctamente— a Jesús como Mesías y rey (**Mr 11:8–11**), pero Él deja a un lado esta posición social y se somete a las acusaciones falsas que hace el concilio judío en su contra (**Mr 14:53–65**), a un juicio inútil hecho por el gobierno romano (**Mr 15:1–15**) y a la muerte en manos de la humanidad a la que vino a salvar (**Mr 15:21–41**). Sus propios discípulos lo traicionan (**Mr 14:43–49**), niegan que lo conocen (**Mr 14:66–72**) y lo abandonan (**Mr 14:50–51**), a excepción de algunas de las mujeres que habían apoyado Su trabajo. Él toma el lugar más bajo que puede existir, abandonado por Dios y por las personas, con el fin de concedernos la vida eterna. Al final de Su amargo sufrimiento, se siente abandonado por Dios mismo (**Mr 15:34**). De todos los Evangelios, solamente Marcos registra Su clamor con las palabras de **Salmos 22:1**, "Dios mío, Dios mío, ¿por qué me has abandonado?" (**Mr 15:34**). En la cruz, el trabajo final de Jesús es llevar sobre Él todo el abandono del mundo. Tal vez ser malentendido, burlado y abandonado fue tan difícil para Él como lo fue ser condenado a muerte. Estaba consciente de que Su muerte sería vencida luego de algunos días, pero la falta de comprensión, la burla y el abandono continúan hasta este día.

Muchas personas en la actualidad también se sienten abandonadas por sus amigos, familiares, la sociedad e incluso Dios. Los sentimientos de abandono en el trabajo pueden ser muy fuertes. Podemos ser marginados por compañeros de trabajo, abatidos por el esfuerzo y el peligro, sentirnos ansiosos por nuestro desempeño, temerosos por la posibilidad de despidos y desesperados por el pago inadecuado y los escasos beneficios, como se describe de forma memorable en el libro de Studs Terkel, *Working* [El trabajo]. Las palabras de Sharon Atkins, una recepcionista en el libro de Terkel, expresan lo que muchos piensan: "Lloraba en la mañana, no quería levantarme de la cama. Le temía a los viernes porque el lunes siempre me acechaba. Otros cinco días por delante. Parecía que nunca terminaría. ¿Por qué estoy haciendo esto?"

Pero la gracia de Dios para aquellos que la aceptan, vence incluso las dificultades más devastadoras del trabajo y la vida. La gracia de Dios toca al mundo desde el preciso momento en que Jesús se somete, cuando el centurión reconoce, "En verdad este hombre era Hijo de Dios" (**Mr 15:39**). La gracia triunfa sobre la muerte misma cuando Jesús regresa a la vida. Dios les anuncia a las mujeres que "Ha resucitado" (**Mr 16:6**). En la sección sobre **Marcos 1:1–13**, señalamos que el final del libro es de carácter repentino. Esta no es una historia bonita para desfiles religiosos sino una intervención desgarradora de Dios en el polvo y la suciedad de nuestras vidas y trabajos desaliñados. El sepulcro abierto del criminal crucificado prueba que "muchos primeros serán últimos, y los últimos, primeros" (**Mr 10:31**) de una manera más clara de lo que la mayoría podría soportar. Es solamente por medio de esta gracia asombrosa que nuestro trabajo puede producir "cien veces más ahora en este tiempo" y nuestras vidas pueden ser conducidas al "siglo venidero, la vida eterna" (**Mr 10:31**). Era de esperarse que "un gran temblor y espanto se había apoderado de ellas; y no dijeron nada a nadie porque tenían miedo" (**Mr 16:8**).

Conclusión de Marcos

El Evangelio de Marcos no se estructura como un manual de instrucciones para el trabajo del ser humano, pero el trabajo es visible en cada una de sus páginas. Aquí encontramos algunos de los hilos más significativos en este tapiz de la vida y el trabajo y los aplicamos a asuntos del trabajo del siglo veintiuno. Existen muchas clases de trabajo y muchos contextos en los que las personas trabajan. El tema unificador es que todos estamos llamados al trabajo de aumentar, restaurar y gobernar la creación de Dios, incluso mientras esperamos el cumplimiento final de Su propósito para el mundo cuando Cristo regrese.

Es sorprendente que gran parte de la narrativa de Marcos gira alrededor de temas de identidad. Marcos muestra que entrar al reino de Dios requiere la transformación en nuestra identidad personal y relaciones sociales. Los temas del estatus y la identidad estaban definidos por la riqueza y el empleo en el mundo antiguo, de una forma mucho más formal que en la actualidad, pero las dinámicas subyacentes no han cambiado radicalmente. Los asuntos del estatus todavía influyen en nuestras preferencias, decisiones y metas como trabajadores. Los roles, las etiquetas, las afiliaciones y las relaciones afectan nuestro empleo y pueden llevarnos a tomar decisiones para bien o para mal. Todos podemos ser vulnerables al deseo de afirmar nuestro lugar en la sociedad por medio de nuestras propiedades, riqueza o influencia potencial, y esto, a su vez, puede afectar nuestras decisiones vocacionales. Todos estos aspectos afectan nuestro sentido de identidad, de quiénes somos. Por tanto, el desafío de Jesús a que estemos dispuestos a renunciar a las demandas del estatus terrenal tiene una importancia fundamental. Puede que sean relativamente pocos los que son llamados a tomar el camino particular que tomaron los doce discípulos de dejar completamente su empleo, pero el reto de permitir que la identidad terrenal sea definida por las demandas del reino es universal. El sacrificio es la esencia de seguir a Jesús. Tal actitud implica negarnos a permitir que nuestra identidad sea determinada por nuestro estatus en un mundo caído.

Un sacrificio tan radical es imposible sin la gracia. La gracia de Dios es el milagro que transforma la vida y el trabajo para que seamos capaces de vivir y servir en el reino de Dios mientras habitamos en el mundo caído. Sin embargo, es poco común que la gracia de Dios llegue por medio de una transformación instantánea. La historia de los discípulos es de fracaso y restauración, de cambio eventual, no inmediato. Así como ellos, nuestro servicio en el reino de Dios sigue manchado por el pecado y el fracaso. Así como ellos, sabemos que es necesario arrepentirnos de bastantes pecados en el camino. Pero, tal vez, también seremos como ellos al dejar un legado permanente en el mundo, un reino cuyas fronteras han sido expandidas por nuestra actividad y cuya vida ha sido enriquecida por nuestra ciudadanía. Por más difícil que sea renunciar a las cosas que nos impiden seguir a Cristo al máximo en el campo laboral, descubrimos que servirle en nuestro trabajo es mucho más gratificante (**Mr 10:29–32**) que servirnos a nosotros mismos y a nuestra necedad.

Don't miss out!

Visit the website below and you can sign up to receive emails whenever Sermones Bíblicos publishes a new book. There's no charge and no obligation.

https://books2read.com/r/B-A-ALQN-CCYXC

BOOKS 2 READ

Connecting independent readers to independent writers.

Did you love *Analizando la Enseñanza del Trabajo en el Evangelio de Marcos*? Then you should read *Analizando la Enseñanza del Trabajo en el Nuevo Testamento*[1] by Sermones Bíblicos!

Este libro de educación bíblica para el trabajo es una guía esencial para aquellos que buscan aplicar las enseñanzas del Nuevo Testamento en su vida laboral. Con un enfoque en las enseñanzas prácticas y relevantes para la actualidad, este libro proporciona una visión fresca y contemporánea de las lecciones bíblicas. Cada capítulo está lleno de sabiduría atemporal, presentada de manera que resuena con los desafíos y oportunidades del mundo laboral moderno. Desde la gestión efectiva del tiempo hasta la construcción de relaciones laborales sólidas, este libro ofrece una perspectiva bíblica sobre una variedad de temas laborales. Las hermosas enseñanzas prácticas en cada página no solo

---

1. https://books2read.com/u/bPDNxj

2. https://books2read.com/u/bPDNxj

inspirarán a los lectores a vivir su fe de manera más plena en su vida laboral, sino que también les proporcionarán herramientas tangibles para navegar por los desafíos del lugar de trabajo. Este libro es más que un recurso educativo; *es una invitación a vivir y trabajar de una manera que refleje las enseñanzas del Nuevo Testamento en cada aspecto de nuestra vida*

Also by Sermones Bíblicos

Enseñanzas de la Sana Doctrina Cristiana

Enseñanzas de la Sana Doctrina Cristiana: Saliendo de Egipto a Canaán 2007

Enseñanzas de la Sana Doctrina Cristiana: Saliendo de Egipto a Canaán 2008

Enseñanzas de la Sana Doctrina Cristiana: Tesoros Bíblicos

Enseñanzas de la Sana Doctrina Cristiana: El Progreso del Peregrino

Enseñanzas de la Sana Doctrina Cristiana: El Progreso de la Peregrina

Estudiando El Tabernáculo de la Biblia

El Tabernáculo: Descripción de sus Componentes

Principios Bíblicos para una Iglesia: Ilustrados por El Tabernáculo

El Tabernáculo: En el Desierto y las Ofrendas

El Tabernáculo: Las Ofrendas Levíticas, el Sacrificio de Expiación

El Tabernáculo: Un santuario Terrenal

Analizando la Enseñanza del Trabajo en el Libro Profético de Jeremías y Lamentaciones

Estudio Bíblico Cristiano Sobrevolando la Biblia con Enseñanzas de la Sana Doctrina

Estudio Bíblico: Génesis 1. La Creación en Seis Días
Estudio Bíblico: Génesis 2. Estatutos de la Creación
Estudio Bíblico: Génesis 3. La Caída del Hombre
El Tabernáculo: En el Nuevo Testamento
Estudio Bíblico: Génesis 4. Aconteció Andando el Tiempo; Presente, Tributo, Oblación
Estudio Bíblico: Génesis 5. El Mensaje que Dios tiene para Nosotros en esta Genealogía
La Historia de Noé: Su Entorno, Su Experiencia, El Mandato y El Pacto
Estudio Bíblico: Sana Doctrina Cristiana: Introducción a la Biblia

Juan Bunyan Collection
Enseñanzas de la Sana Doctrina Cristiana: El Progreso del Peregrino y la peregrina

La Enseñanza del Trabajo en la Biblia
Analizando la Enseñanza del Trabajo en Éxodo: De la Esclavitud a la Liberación
Analizando la Enseñanza del Trabajo en Levítico: Alcanzar el Espíritu de la Ley en el Trabajo
Analizando la Enseñanza del Trabajo en Números: La Experiencia de Israel en el Desierto para Nuestros Desafíos Actuales
Analizando la Enseñanza del Trabajo en Deuteronomio: Una Perspectiva para la Vida Laboral Actual
Analizando la Enseñanza del Trabajo en Josué y Jueces: ¡La Motivación para el Trabajo Arduo!
Analizando la Enseñanza del Trabajo en Rut: Un Referencial para el Autocrecimiento y Superación
Analizando la Enseñanza del Trabajo en Samuel, Reyes y Crónicas: Un Estudio de Liderazgo en la Antigüedad

Analizando la Enseñanza del Trabajo en los Libros Proféticos de la Biblia
Analizando la Enseñanza del Trabajo en el Antiguo Testamento
Analizando la Enseñanza del Trabajo en el Antiguo Testamento
Base Bíblica de la Educación del Trabajo
Analizando la Enseñanza del Trabajo en el Nuevo Testamento
Analizando la Enseñanza del Trabajo en las Cartas Generales y el Apocalipsis
Analizando la Enseñanza del Trabajo en las Cartas Paulinas
Analizando la Enseñanza del Trabajo en los Hechos de los Apóstoles
Analizando la Enseñanza del Trabajo en los Evangelios del Nuevo Testamento
Analizando la Enseñanza del Trabajo en los Libros Históricos del Nuevo Testamento

La Enseñanza en la Clase Bíblica
Estudiando la Enseñanza en la Clase Bíblica: Guía para Maestros

Los Cuatro Evangelios de la Biblia
Analizando Notas en el Libro de Mateo: Cumplimientos de las Profecías del Antiguo Testamento

Los Cuatro Evangelios de la Biblia
Analizando Notas en el Libro de Marcos: Encontrando Paz en Tiempos Difíciles
Analizando Notas en el Libro de Lucas: El Amor Divino de Jesús Revelado

Analizando Notas en el Libro de Juan: La Contribución de Juan a las
Escrituras del Nuevo Testamento

Notas en el Nuevo Testamento
Analizando Notas en el Libro de los Hechos: Un Viaje de Continuación
en la Obra de Jesús

Personajes de la Biblia
Analizando Escenas Bíblicas: 62 Inspiradoras Enseñanzas Cristianas del
Antiguo Testamento

Profecías Bíblicas
Perfil Profético: La Última Semana
Claras Palabras Proféticas: La Profecía Hecha Historia
Perspectiva de la Profecía: El Próximo Gran Acontecimiento
Desarrollo Profético de Dios: Las Señales de los Tiempos
Profecía Cronológica: Las Cosas que Sucederán en la Tierra
Seis Días Proféticos en la Biblia

Sermones de C. H. Spurgeon
La Procesión del Dolor

Sobrevolando la Biblia
Símbolos en la Biblia: Sana Doctrina Cristiana

Standalone
Cristo en Toda la Biblia: Estudio Bíblico
Notas en los Cuatro Evangelios: Comentario Bíblico
Analizando Lo que Está por Suceder: Las Profecías de Dios
Himnos del Evangelio
El Tabernáculo en la Biblia: Como Enseñar el Tabernáculo

About the Author

Esta serie de estudios bíblicos es perfecta para cristianos de cualquier nivel, desde niños hasta jóvenes y adultos. *Ofrece una forma atractiva e interactiva de aprender la Biblia,* con actividades y temas de debate que le ayudarán a profundizar en las Escrituras y a fortalecer su fe. Tanto si eres un principiante como un cristiano experimentado, esta serie te ayudará a crecer en tu conocimiento de la Biblia y a fortalecer tu relación con Dios. Dirigido por hermanos con testimonios ejemplares y amplio conocimiento de las escrituras, *que se congregan en el nombre del Señor Jesucristo Cristo en todo el mundo.*

About the Publisher

Editor

Elvis A. Betancourt T. 4135 Stoney Creek Dr., Lincolnton, NC 28092 *elvisbetancourtt@gmail.com*

Contáctenos

Preguntas y comentarios generales: *seminitt25@gmail.com*